TIEMPO DE HIELO

ANGELES TRUJILLO

ISBN: 978-1-4457-6525-9

Hubo un tiempo triste

Mi amor me abandonó

Le escribía poemas melancólicos

Y dibujaba árboles pelados

Sus raíces soterradas

Eran como mi espíritu lastrado

Comido por la tierra que ya no me alimenta

Terminé el libro

Ahora pinto pájaros que vuelan

Y escribo novelas

A TI, EL FUEGO ETERNO

GRIS

Gris es la tarde anónima
Pesada como plomo vil
Cae sobre la gente servil
Que huye de la flor andrógina

Coches con horribles jadeos
Humaredas pestilentes les impulsan
Ajenos al vómito que causan
Prosiguen alegres sus devaneos

Vida mísera, monótona hasta el hastío
Te complaces en mostrar tu cara
Vulgar de matronas de bondad clara
Que esconden su rabia en el vacío

Razón no le falta al poeta
Al refugiarse en sueños de amor
Halagos para mujeres en flor
O en cánticos piadosos de asceta

Mundo vasto Dios te hizo en esfera
Quizá por capricho que cuando partes
Al cabo al mismo sitio regreses
Allí aguarda tu fiel compañera.

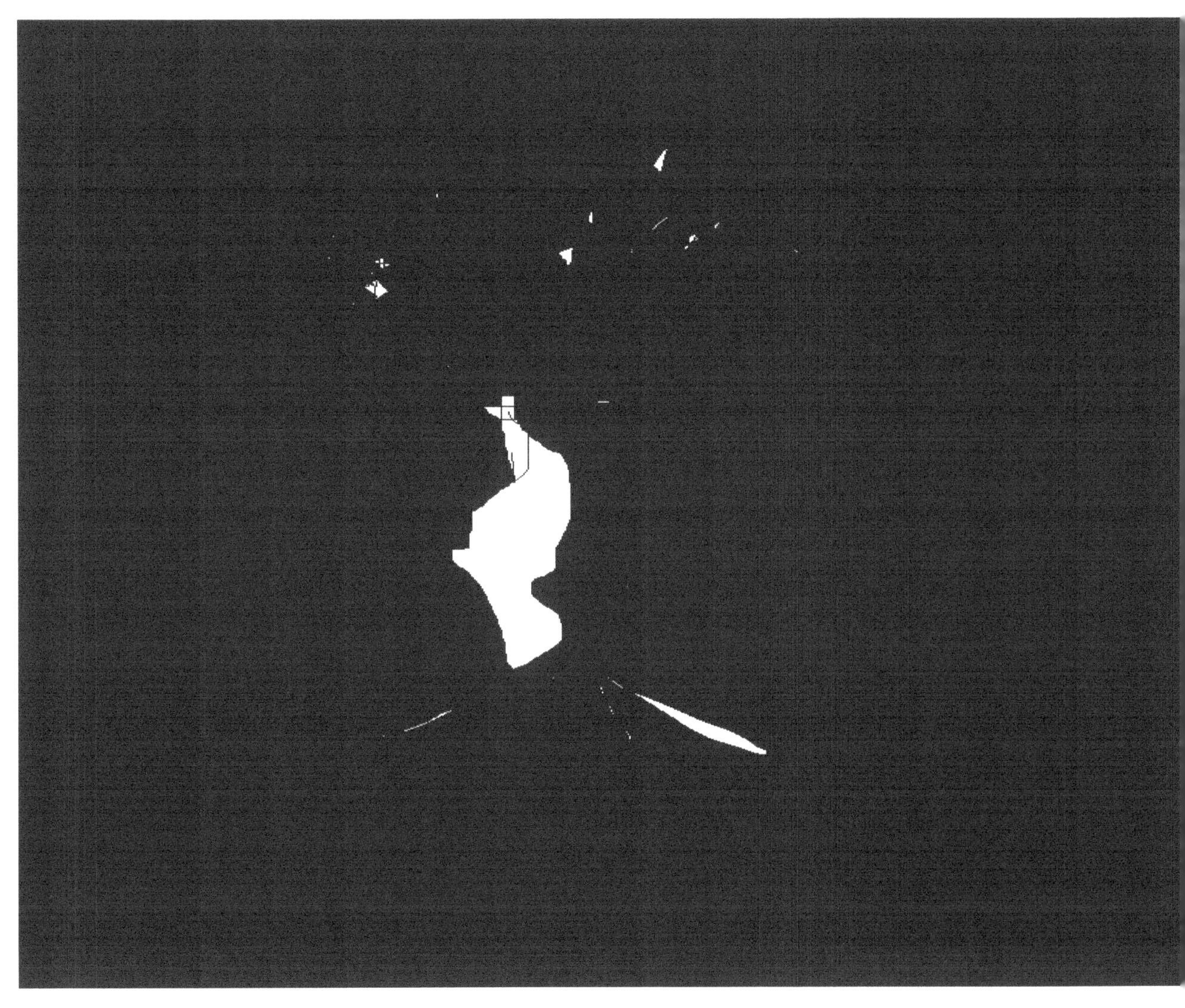

MI ARBOL

Arbol que entre ramas alojas
Verdes las unas millones de hojas
Amarillas las otras. Te vi recien nacido
Pobre y escuálido por el viento vencido

Ahora fuerte y poderoso te levantas
Y al espectro del invierno espantas
Transido de fresca y noble sabia
Tus venas de sangre verde y agria

Quien como tú pudiera permanecer
Frío e insensible no desfallecer
Por rayo o trueno ante el enemigo

Admiro tu soledad. Nadie de la mano
Te llevó por débil ni aún por mundano
Nunca víctima te verás de cruel castigo

LLUVIA

Lluvia
Asfalto de lágrimas
Tras el cristal
La niña-mujer
Que llora
Por no poderte abrazar
Niña de largos cabellos
Mente que vive
De sueños.
Alma lánguida
Melancólica
Infinito lleno de estrellas
La luna cómplice
¿te recordará mis besos?
Mujer de llanto
De espera y de silencio
¡no es eso el amor!
Cesa la lluvia.
El reloj
Pajarito mecánico
Se come las horas
Los días los días
Océano de segundos
Que nos separa.
Grita golpea
Rompe tu furia
Contra la pared
Y llévame.

DON JUAN DE LOS INFIERNOS

Don Juan tienes nombre de Tenorio
El que a las mujeres hace oprobio
Mucho se duda de tu condición
Macho brioso o mariposón

De doncellas y novicias burlador
En el duelo fácil, retador
El amor conociste en mala hora
Tu alma el fuego devora

Tu fantasma vaga arrepentido
De muerte y remordimiento herido
Rey de las tinieblas por acariciar lloras
Dulce rostro enclaustrado moras

El castigo no alcanza a redimir
Tu perdón de labios ha de salir
De la bella a la que muerte
Diste nada más por quererte.

EL BAÑO

Agua cálida que resbalas por mi piel
Pompas de jabón arco iris, perfume a lavanda
Baño refinado distinto del río aquel
Que vió tus primeros años de carne blanda

Entre cañaverales a la deriva se mecía
Tus sueños cargaba el barquillo
La corriente a hundirlo no se atrevía
De juncos tejido, verde y amarillo

Infancia lejana recuperarte quisisera
Por no padecer inocencia de gorrión
Que en trampa cae por no saber que lo era

Que nadie nace sabiendo bien cierto es
Y pelusa de polluelo hace gran espolón
No es gran misterio ya ves.

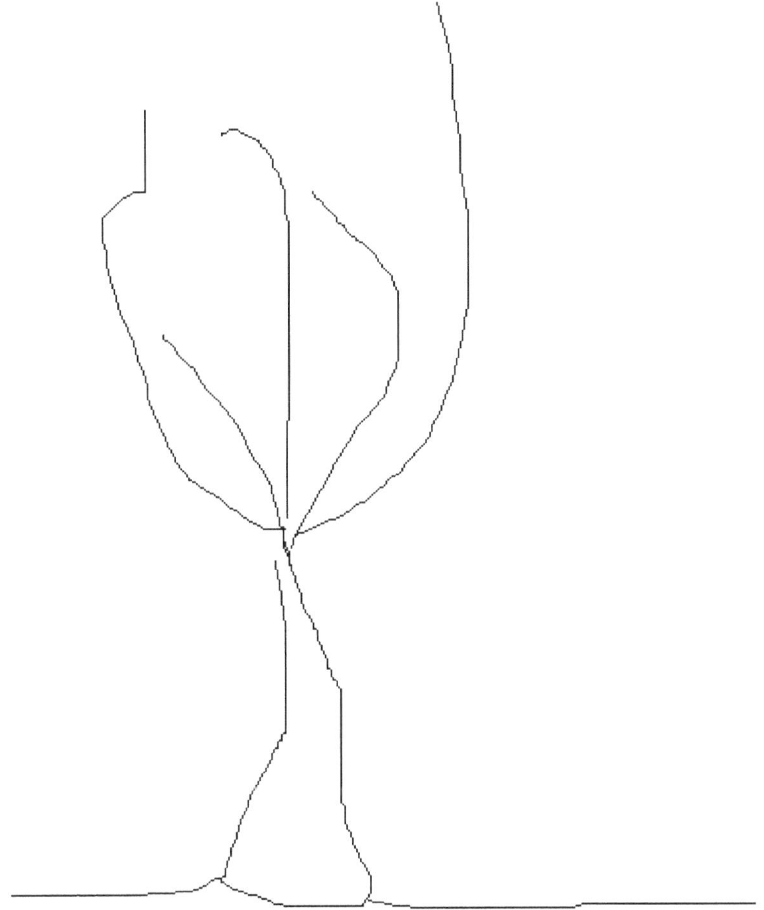

OTOÑO

Día de lluvia agua que baja del cielo
De gris plomizo cúpula gaseosa sobre
Columnas de tierra parda bajo el vuelo
Del pájaro color rojizo como el ocre

En las campiñas las casitas de los labradores
Sobre barro caminan al hombro la azada
Ateridos de húmedo frío exhalan vapores
Semilla fertiliza sobre el campo la rociada

Olivos pinchan la niebla hojas punzantes
Suaves vertientes por olivos moteadas
Es romántico el otoño sin frondas exuberantes

Tan escuálidos del árbol los esqueletos
Cayeron las hojas de miel pintadas
Verdes los bosques de pinos y abetos.

BESO

Ayer te ví
Tan frío
Como témpano
Temblaba yo
De soslayo
Me mirabas tú
Era tanto el deseo
Chispas saltaran
Si de cargas se tratara
Húmedos tus labios
Dulce tu boca
Un nudo en la garganta
Si yo fuera hombre
Y tu mujer
No me hubiera podido contener
Y si tú fuerte
Yo lo seré más
Mi amor
Mi amigo
Te llevo
En el alma
Prendido

MAR

Calma, susurrante estaba aquel día
La mar como orilla suave de lago
Nos miraba, a nuestro amor se rendía
Negros pesares engullía de un trago

El verde nuestros ojos robaron
A la mar la luz de tu boca
Manaba. La sonrisa marcaron
Dientes de banquero alma loca

El mundo y los dos juntos
Al fin no importan más asuntos
Absurdo de intereses ruines

No importa pasado, vano presente
En espíritu nos unió ausente
La mar con silencios afines.

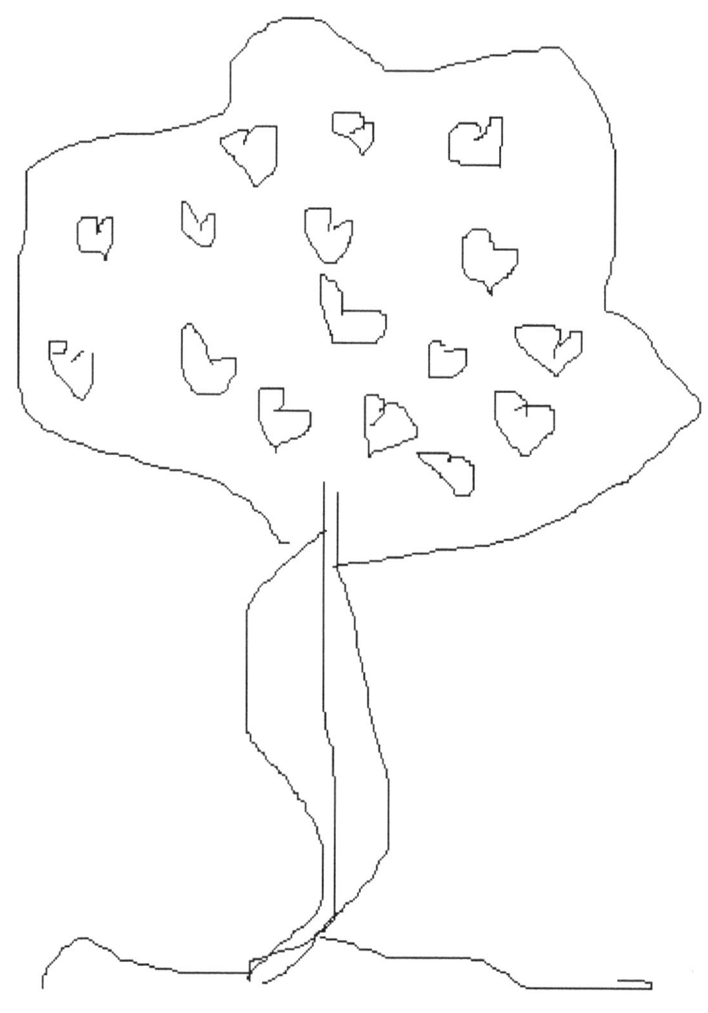

POPULAR

No hagas nuca un regalo
A quien no se lo merezca
Que lo tire no es lo malo
Sino que lo ponga por cresta.

FILOSOFANDO

Tomar la vida en serio falta
Es grave de ignorancia. De doble
Filo las lenguas sus propios cortarán
Sabio que es fuerte como roble

A adulación con modestia responde
Que es bestia harto fiera la vanidad
Que a su carne propia corrompe
Y en el mundo nunca hallarás paz

La soledad de grandes es patrimonio
Conténtate de ella si en la tierra
Nadie te quiere. Dios y demonio

Existen y en tu mente se hallan
El que de miedo come yerra
Y se sabe a mala bestia buena cara.

LETARGO

Es extraño
Me gusta el nublado
Despunta sus rayos
El sol
Entre nubes grises
Color andrógino
El gris
No es blanco
No es negro
Equilibrio antes
Que estallido
De luz o de estrellas
Firmamento enamorado
Cólera de dioses
De barro
Moldeados
Pensamiento que disuelve
El gris del cielo
Enajenada
Plena.

PATIO DE SEVILLA

Casitas blancas
Geranios en flor
Sobre el patio de Sevilla
Luce el Sol

Agua cantarina
Que de la fuente mana
En mil gotas se vierte
Sobre el cielo grana

Ruiseñores, mariposas
Llega la primavera
En el silencio del patio
La sangre se alegra

Tras la reja
Una niña morena
Con su dulce mirada
La vida espera.

SOLEDAD

Qué espeso es el silencio
Te corta el aliento
Cuando estás sola
Tú
Y tu pensamiento

Cuán vacío el mundo
De almas generosas

Rostros
Anónimos
Como pintados en el aire
Hielo en sus miradas
Los pasos apretados
Mejor se esfumaran
Son como fantasmas.

ANSIEDAD

El que espera
Desespera
Su humor corrompe
Negra bilis
Se torna su saliva
Sabor acre
De esperanza defraudada
Si la magia existiera
Podría convertir
El más tarde
En ahora

Mi corazón arde
Mi cerebro implora
La sorpresa
Lo inesperado
Cuan monótono el devenir
Que escasa la imaginación
Del hombre nuevo
Aturdido
Como pato mareado
En el Amazonas

ESCANDALO

Mentes
Pobres
De gentes
De nombres
Piadosos
Se escandalizan
Se sorprenden
Madonna la santa
Pero viciosa
Van gogh el pintor loco
Quizá mas cuerdo
Que ninguno
En jueces se erigen
Ingenuos mortales
Por arrogancia
Inmorales
Son ellos los payasos
Del circo terrestre
A más de uno morderán
Los leones en la yugular

ROMANTICO

Estar quisiera
Siempre
Pegada a ti
Entre tus brazos dormir
Eres tan tierno
Tu piel es terciopelo
No puedes ser real
Eres de ensueño
Un príncipe de cuento
No me pellizques
Por si despierto

HOJAS

Hojas secas
En el pavimento
Alfombra
De la Naturaleza
Que gusto pisarlas
Prosaico cemento
Las acoge livianas
Se rompen, languidecen
Burda la escoba
Que las barre.

PAJARO

Dulce pajarito
Siempre joven
Qué bellos
Tus instintos
Qué feliz eres
Y no lo sabes
Con toda mi física
No logro explicar
Tu vuelo
No nació el hombre
Para volar
Alas de metal
No siempre se estrellan
En la madre tierra.

SOMBRA

Siempre te acompaña
¿qué es?
La sombra
Por delante te precede
Por detrás te sigue
Como fantasma
Siempre
A tu vera
En ella depositas
El envés
De tu alma
Sin luz
No hay sombra
Sombra de noche
Por farolas
Vertida
Reflejo
De mujer
Adormecida

PIRAÑAS

Corre el pescador peligro
De ser pescado
Por conseguir la presa
En río turbulento
Hunde el anzuelo
Paciencia es su arma
La mejor
De pirañas voraces
El río rebosa
Él las ignora
Los bichos inmundos
Sangre humana
La más cálida
Olfatean
¿quién se comerá a quién?
Si es listo
El pescador
Se rendirá.

SABADO

Sábado noche
Y tú tan lejos
De soledad me lamento
¿es amor tan mágico?
De cieno inmundo
Garganta de tierra
Cráter abrasador
Te rescata
Cierto es
Y aunque no lo sea
Lo será
Te esperaré.

MIEDO

Monstruo inverosímil
Voluble inanimado
Estalactitas de sal
Mi cerebro perforan
Maravilla
Estás ausente
No te puedo definir
Miedo al miedo
Invisible
Intangible
Si fueses cosa
En añicos acabaras
Luchar no puedo
En cuarta dimensión
Son las mías tres
Y no me entiendo.

NOCHE

Noche
De las estrellas
El reproche
Sobre negro terciopelo
Encienden sus anhelos
Guía para desesperados
Volar a su grupa imaginas
A años luz
De ti
Del amor
De la pasión desenfrenada
Y más que nada de aquellos
Lobos
De cordero disfrazados
En blanco lecho
Vomitan su fango.

REBELDES

Pelos desgreñados
Cinturones y cadenas
Mirada de camaleón
No es tan fiero el león
Como lo pintan
Pistolas y rosas
Rosas y armas
Que de sadismo se fundieron
De mil años la rabia contenida
De lágrimas y herida inocencia
En genio loco convirtieron
Al hombre más sexi
Del momento.

ESCRITORA

¿Qué quieres ser de mayor?
Escritora
Decía la niña
Se reían todos
Llegó el día
Con quince años
De amor sufría
Sus lágrimas
En papel y tinta diluyó
En un cofrecito
Guardó con secreto
El escrito
Cuando un día descubrió
La cerradura violada
Rabia, odio y furor
Vergüenza
¿de qué?
Bien algún día lo seré
Seré escritora.

LA SEMILLA

Tú pusiste la semilla
Me llevé tu flor primera
Besos y caricias
Torso de héroe americano
Tu mente
De adolescente
Cumplido habías los venticinco
Sólo pensabas en Cristo
De canto gregoriano
Se nutría tu espíritu

En mi viste
Intrépida chiquilla
La brujilla
Cazar tu fortuna pretendía
La horma de tu zapato
Hallaste fatídico
Mes de mayo
No era mayo
Era agosto

EL SENTIDO DEL HUMOR

Encerrado en jaula de oro
Yacía bajo yugo de pudor
Del hombre el mayor tesoro
Nunca loado sentido del humor

Rígido va el buen ciudadano
A culto de fariseos se encamina
Aprieta sus dedos en la mano
Al salir le esperan en la cantina

En los portales lenguas de vecindonas
Lucen sus pinturas como monas
Con rulos en el pelo de horror

Ríete de tu sombra, temeroso
No seas de aquel envidioso
Ciego está de asco y rencor.

VAMPIRO

Para nada necesito de tus manos
El dinero pobre soy en monedas
Pero mis cabellos serían canos
Si por sufrimiento color llevas

Despierto eres más que ninguno
Mi interés has intrigado cinco
Años eternos sin poder alguno
Los entresijos de mi ser ahínco

Escudriñaste de ellos ver en cual
Te podías ocultar desnudo, inocente
Como tu madre te engendró tal

Era tu sed de mi ser sorbiste
La luz que te guía, tu presente
La hora que a vivir aprehendiste.

VELOCIDAD Y TIEMPO

Rayo de luz me gustaría
Ser porque nadie me pisara
La gente normal de miopía
Adolece te miden con vara

Torcida si no en la frente
Te la estampan. Carretera
De asfalto indiferente
Los débiles en la acera

De vértigo adormecido
Miran como pasa el tiempo
Invisible parece latidos
De reloj como lamento

De su máquina desalmada
El misterio del ser encierra
Gira ruedecilla dorada
Si paras puedo desaparecer.

GUERRA

Odio
Que nace
De mis entrañas
Por fatal destino
Quiere mi razón
Separar
La mujer de la hembra
Quién de los sentimientos
Se pudiera desprender
El campo de batalla
Mi mente
De amor
Y rencor
Ellos se matan
Y a mi me destierran
De paraíso dorado
Limbo encantado
De los sin alma
El verdadero cielo
Llorar mil años deseo
Por quedarme vacía.

PELICULA

Las películas son sueños
De hombre sensato
La vida
Es la vida pesadilla
De oligofrénico
Manicomio galáctico
¿sólo nosotros habitamos?
Dios juega a los dados
Con los ojos vendados
Y voy más lejos
Que Einstein
Y que Hopkins
Dios es un loco
De otra dimensión
Por eso es lejano
Inaprensible
Sólo los locos lo conocen
Y por eso no le temen

VERTIGO

Vértigo
Es ser consciente
Del ahora
Que no se puede atrapar
Con palabras
Es una asintonía
Con el ritmo del mundo
Como el río
Que yace bajo tierra
Por traición de su cauce
Nace luego
Después de su letargo
Ha de aprender
A ser río de nuevo
A fluir tranquilo
Con ritmo acompasado
Sin remolinos
A derramarse majestuoso
Por cataratas y rompientes
Como bello río
Que ennoblece el agua
Que le alimenta.

MILLONES

Los ricos también lloran
Título renombrado es
De folletín

Y es que
A menudo
Es el pudiente
Necio, indiferente
Insensible
Y desgraciado al fin

No hay millones
En el mundo suficientes
Para comprar tu libertad

Por convertir tu corazón
En talonario
El infierno ganarás

Y es más bella
La libertad desnuda
Que una joven doncella
De oros recamada

LUNA

Luna astro femenino dorada
Esfera de raso y terciopelo
De poetas lánguidos adorada
Te muestras desdeñosa a desvelo

De enamorado triste, decaido
Orgullosa le muestras tu soledad
De huellas nunca tu suelo herido
Tu órbita sigues sin tener piedad

De mujer se te atribuye humor
Cambiante, así tú eres a veces
Grande, redonda plena con ardor

Adolescente reina de los cielos
En oscura noche desaparece
Si sufres pena amarga de celos

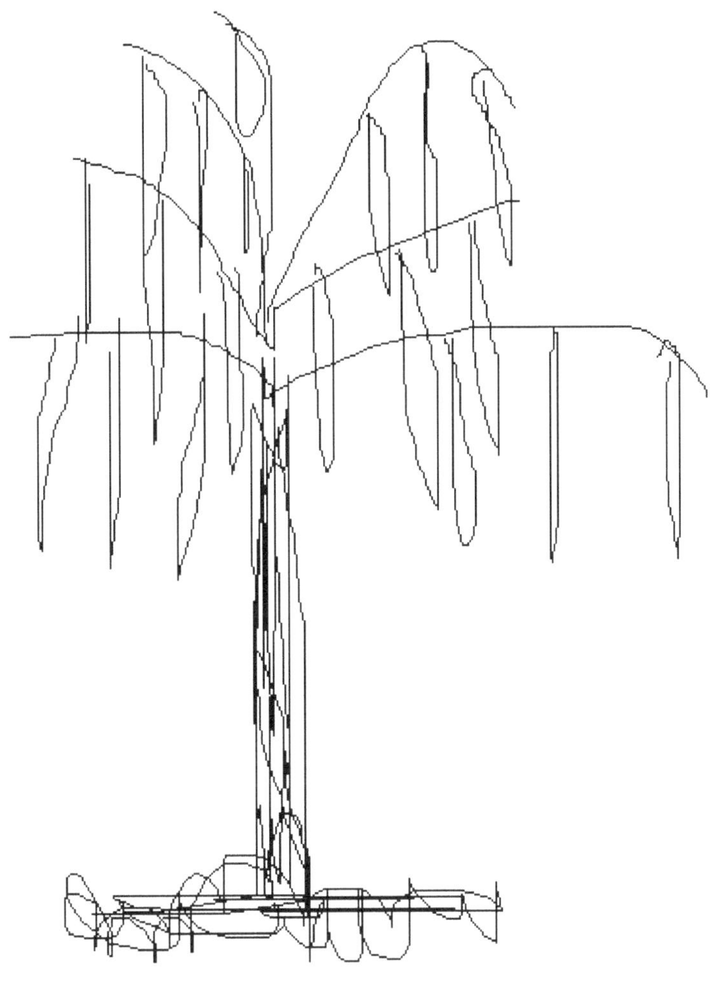

SADICO

Sol
De noviembre
Amarillo
Como un limón
De hidrógeno y helio
Blando como barro
De escultor
Incandescente
Tocarte deseo
Arrancarte un pedazo
Con mis manos moldearlo
Hacer hilos de oro
Y después una cadena
Dorada, tibia
De tu cuello colgaría
Por ella te arrastraría
Hasta caer en mis brazos
Esclavo
De mis deseos

INVIERNO

Invierno
En mi corazón
Melancólico
Oprimido
La cúpula gris
Del cielo
Es mi techo
Sol
Te amo
Dulce tu calor
Esperaré
Mirando al cielo
Las golondrinas
Con la primavera
Sentiré
Tus brazos
Como rayos
Me abrasan

GENESIS

Eres doble
Géminis
Doble cara
Adoras la Virgen
Bella
De pureza
Te reviste
No eches fuego
Por la boca
Con su vara toca
Dragón de fauces
Cueva
Mitología obscena
Del populus
Sucios recuerdos
Te devoran
Te emborrachan
De odio

SECRETARIA

Ningún secreto
En esa cabecita
Simple, clara
De deber satisfecha
De belleza interior
Arde
Tu mirada
Envidio tu llaneza
Sin dolores
Sin dobleces
Te dejas contemplar
Natural
No te escondes
Bebes la felicidad
A sorbitos
Por plazos.

DICIEMBRE

Diciembre
El árido
Cielo humano
Húmedo
Agujero negro
Te atrapa
El cerebro
Pido al cielo me proteja
De malintencionados
Obreros de Satanás
Deslenguados
Obscenos
Maleducados
Ruidosos
Salidos del infierno
Entre llamas se revuelven
Por compartir
Añadir
A su pestilencia
La inocencia

VIVIR

Vivir
Infinitivo
Quiero vivir
Viviendo
Gerundio
Estoy viviendo
Llega el problema
Y me saca de sofismos
Vivir se parece
A
Tener problemas

EXTROVERSIÓN

Encerrada
En jaula
Entre barrotes
Me debato
Puedo mirar
Pero no escapar
Me pueden mirar
Lo deseo evitar
Grito
Que me saquen
La llave
Por favor
Entre millones
Una posibilidad
Se realizará.

FELICIDAD

Nunca de felicidad emborraches
Más peligrosa que el rosado vino
Más letal que el caballo albino
A esa droga nunca te enganches

Viene el tedio te la arrebata
Síndrome de abstinencia te come
Las entrañas. Y pronto no asome
Delirio de amor por corbata

Al cuello dobla la cabeza gacha
Lenta se viene la dulce plenitud
La paz con tu persona te ensancha

El tórax fuerte de joven atleta
Te devuelve la perdida salud
Hace florecer cuerpo de asceta

LUZ

Una bombilla
Pelada
Desnuda
Filamentos
Como cabellos
Dorados
Incandescentes
Milagro
De la Era Moderna
Luz amarilla
Luz del espíritu
A los mosquitos
Como miel atrapa
Así son los grandes
Con su luz eclipsan
Los mediocres
Hacen corte
A su calor

BLANCO

Nieve
Blanca
Pura
Copos volátiles
Se unen
En manto frío
Flores de almendro
En ramas escuálidas
Horizonte difuso
Cielo confuso
Blanco
De hielo sideral
Sabor
De batido de hielo
Con cuchillo de plata
En trozos cortaría

SANTO

Te tapas la cara
Con recia barba
Blanca
De ojillos tan vivos
Que parecen altivos
Alegres
Escrutadores
Respiras humanidad
Clara bondad
Anhelo
Por descubrir el cielo
Sufrimiento te ennoblece
La pobreza enriquece
Tu ser espiritual
Tu alma cálida
Blanca
Como nube estival.

SED

Sed de viento cálido
Aire solano en la era
De mi niñez
Tórridos veranos
De primaria inocencia
Sin libros
Sin espejos
Sólo aire, agua y sol
Horadaban mi piel
Hoy sofisticada
Cuadriculada mente
De racionalismo presa
En el tiempo
Disolvería mi cultura
Por renovar mis instintos
Hoy mancillados
De televisión
De basura
De cultura occidental.

ENERO

Primavera en enero
Es tan azul el cielo
Que duele
Por mirarlo
Duele la dicha deseada
Tan próxima que casi se toca
Con la punta de los dedos
Se desvanece
Si intentas atraparla
Inaprensible
Como el agua que se toma
A puñados
Cómo llora el alma
La injusticia del destino
Y no poder gritar:
¡muera la codicia!

POKER

Fue el más bello piropo
Me dijo:
No me enseñes las cartas
Las veo reflejadas
En el iris de tus ojos
Juego de naipes
De amor
Y disimulo
Del poker aprendí
A meter faroles
Y a jugar
A dos bandas.

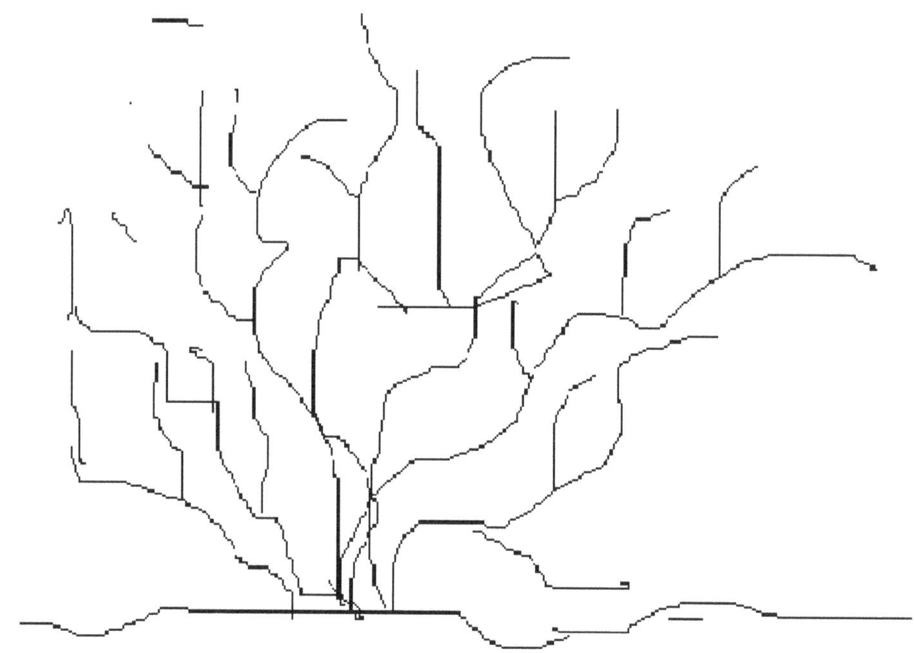

ONDAS

Incomunicación
En un mundo pinchado
De alfileres
De antenas
Ondas que se mecen
Entre los rascacielos
Las centrales nucleares
Las plantas térmicas
Entre las conservas
De sol
Se deja el sol
Lo domesticamos
Lo metemos en lata…
Ondas viajeras
Senoidales
Tan perfectas
Cumplen su ecuación
Y no me obedecen
Las lanzo al infinito
Como blancas palomas
Con un blanco mensajito
Son rebeldes estas ondas
Que no te susurran al oído:
Eres como el fuego
Del infierno.

FUTURO

Se esconde el futuro
Tras un muro
Gris
Más alto y fornido
Que el muro de Berlín
Está hecho el muro
De lágrimas de cianuro
Veneno que se vierte
Por los ojos
Por los poros
De viandantes
Allien
En fortalezas de cemento
Refugios subterraneos
Contra la guerra nuclear
Son ratoneras
Para roedores
Caníbales
Se comen
El halo espiritual.

ALCALÁ

Es un bello pueblo el de Alcalá
De gran abolengo, milenaria edad
De romanos árabes asentaron
A un rey enamoró y nombraron

La Real con su hermoso perfil
De olivos en otoño y en abril
Almendros floridos, verdes trigales
Es fértil el campo de los lugares

De sus gentes varias la gentilidad
Es presumo la mejor cualidad
Como buenos jiennenses enorgullecen

De su tierra rica es en talento
De Arcipreste de Hita un ciento
A Montañés aquí la luz viesen.

ROJO

Rojo de sangre eres color
En capote de torero luces ufano
En la herida abierta del hermano
Que su raza defiende con ardor

Es grana el cielo al atardecer
Nubes mágicas, estrías del infinito
Alondras, saetas divinas en abanico
El sol en lechos de plata se deja caer

Rojo del fuego que lame los maderos
Crepita frente al niño en cueros
Dios de la guerra que destruye en la quimera

Más el rojo que yo anhelo
No es de fiesta ni de cielo
Son tus labios rojos sellar quisiera.

NOVIEMBRE

Día de difuntos
Mármol y lápidas
Yermos, duros
Exige sus dádivas
La muerte
Como sombra
Paraíso inherte
A nadie asombra
Algunos divierten.
Negro crespón
porta el doliente
gélido el corazón.
Bajo tierra
Tras los muros
La duda aterra
De secretos oscuros
Zafio el gusano
Lento devora
Afán mundano
Los días con sus horas
La vida es vida
Porque muerte siega
Como águila herida
Por muerte artera.

AZUL

Azul eres color frío como de suspiro
Congelado. La brisa leve te mece
Cuando el loto en el lago no crece
Línea del horizonte, aire que respiro.

Azul en pupila de ojos soñadores
Con pestañas negras por contraste
Color de pensamiento las flores
Pétalos que no querrán olvidarte

Celeste el ajuar del varón nacido
Que llora por caer en este mundo
Sin ser del sacro aún uncido

Azul violado los penachos del penitente
Pesado y lento es su andar adusto
Como pesa el pecado de ser viviente.

ESPEJO

Luna encantada de hechizos y brujas
Eres instrumento por narcisos bien amado
De bufones el tormento. Mil agujas
Como rayos das horror por cuidado.

Como la niña del cuento cruzar división
Quisiera por ver la diferencia realidad
O sueño. De las dos que se miran al son
Bailando ¿existe alguna en verdad?

Engañado al vulgo tienes hoy. Primor
Se cambia en fama, orgullo y talento
Más si las almas perfumasen infesto hedor

Serían algunas que la belleza no es don
Sino en seso prudente y ya sea opulento
El necio al fin mostrará su condición.

SINTESIS

Antítesis de luz las sombras son
Ni positivo ni negativo es cero por teorema
Aguda la lira grave el trombón
Arriba mira al cielo abajo quema.

Calor en trópico frío en el polo
Negro y blanco enlutado o nupcial
Odio al amor no deja solo
Noche es de día el rival

Lucha de contrarios compone el Universo
Ya el sabio lo explicó: la materia
No es sin antimateria. Converso
El infiel es de la magna y docta Ciencia.

INFINITO MATEMATICO

Ciencia es la matemática cabal
Y exacta anciana tres mil años cuenta
Más me hallo en un dilema tal
Definir infinito sin que nadie disienta

Infinito no es mar ni aún firmamento
Es más mucho más tanto que abarcar
No pudo ni Einstein con su gran talento
Ni el gran arquitecto estancia logró techar

Pena me dan esos chiquillos espantados
Me cuestionan sobre entelequia escurridiza
Inventar trataron mil demonios mal airados

Infinito es mi amor cuando te veo
Arquear la ceja torcer la sonrisa
No te burles es a ti a quien deseo.

MARIPOSA

Mariposa alada
Blanca
Tan hermosa
De marzo la rosa
Son tus alas
Abanicos
De tejido de cielo
De tristes amantes
El consuelo
Su batir incesante
Como late
El corazón anhelante
Mariposa leve
Lujo
Entre cibernética

CURSI

Oh lúgubres pensamientos
De soledad y decaimiento
Cuan lejos está mi amado
Más tiene el corazón helado

Oh gentil natura le diste fama
Y gallardía que al cielo clama
Pues es tanta sus crueldad
Que no repara en mi beldad

Venid a él ríos a miles
Calmar sus instintos viles
Pasión que ruge es tormento
En la boca del león hambriento

Dulces son sus caricias
Y me es dado reclamar justicia
Cuando a mi el destino airado
Hizo pobre y a él colmado

DESTINO

Sol de mediodía
Tú eres mi sol
Tus hombros mástiles de velero
Brazos de selva tropical
Donde anidan las lianas
Que me enredan
En mortífera espiral
Serpiente sigilosa
Envuélveme, cíñeme
Hasta romper mi vacío.
Donde estaba yo
Cuando tus ojos
Hielo y volcán
Me raptaron
Pequeña e invertida
Presa de amor
En tu retina
Eramos barcos sin rumbo
Náufragos a la deriva
Vegetales sin alma
Experimento de la vida sensitiva.

NIÑO Y SANTO

San Antonio de Padua nació en Portugal
Aunque de Italia parezca su nombre
No importa la nación de hombre cabal
Si es de montañas o de mar salobre.

Es el buen patrón de las niñas casaderas
Que le ruegan con fervor un buen marido
De bella figura y fértiles laderas
Día de azahar aceptan el de su destino.

Un niño porta en su brazo orgulloso
De cara alegre te mira bondadoso
Los ojos brillantes clava en mirada dulce

En la mano un erguido y blanco lirio
Que lleva el aroma de su alma sin vicio
El mundo le venera su estrella viva luce.

OBRA PRESENTADA ANTE EL REGISTRO TERRITORIAL DE LA PROPIEDAD INTELECTUAL DE LA JUNTA DE ANDALUCÍA EL 12 DE FEBRERO DE 2007

www.ingramcontent.com/pod-product-compliance
Ingram Content Group UK Ltd.
Pitfield, Milton Keynes, MK11 3LW, UK
UKHW050614260726
13967UKWH00008B/2853